Marlene Hviid

# Uma Análise Comparativa de Quatro Anúncios Chanel

Marlene Hviid

# Uma Análise Comparativa de Quatro Anúncios Chanel

ScienciaScripts

**Imprint**

Any brand names and product names mentioned in this book are subject to trademark, brand or patent protection and are trademarks or registered trademarks of their respective holders. The use of brand names, product names, common names, trade names, product descriptions etc. even without a particular marking in this work is in no way to be construed to mean that such names may be regarded as unrestricted in respect of trademark and brand protection legislation and could thus be used by anyone.

Cover image: www.ingimage.com

Este livro é uma tradução do original publicado sob ISBN 978-3-8443-2034-3.

Publisher:
Sciencia Scripts
is a trademark of
International Book Market Service Ltd., member of OmniScriptum Publishing Group
17 Meldrum Street, Beau Bassin 71504, Mauritius
Printed at: see last page
ISBN: 978-620-2-94785-5

# 1 Introdução (Marlene & Britt)

Este livro é uma síntese de quatro anúncios Chanel e um estudo das estratégias de branding da empresa. Este tópico é de grande interesse para nós, pois Chanel é uma das mais antigas e proeminentes casas de moda do mundo. Por esta razão, a Chanel dita os desenvolvimentos dentro da indústria da moda, pelo que é fascinante examinar como esta empresa se tem distinguido ao longo dos anos como uma marca.

## 1.1 Motivação (Marlene & Britt)

A nossa motivação para escolher este tópico para o nosso livro foi principalmente o nosso interesse geral em branding, publicidade e, claro, moda. Sentimos que esta era uma oportunidade óbvia para combinar estes interesses no livro. A Chanel acabou de celebrar o seu 100° aniversário como empresa de moda, e a enorme cobertura mediática facilitou-nos a escolha da empresa. Também achamos fascinante que o que começou como um pequeno fabricante francês de vestuário se tenha tornado numa das marcas de estilistas mais famosas e respeitadas do nosso tempo, abrangendo uma vasta gama de produtos, desde vestuário a perfumes. Este estatuto alcançado deve-se em parte a uma estratégia de marca de grande sucesso que atraiu consumidores de todo o mundo e criou a imagem de luxo a que a Chanel está hoje associada. Por esta razão, os anúncios da Chanel têm sido de grande interesse para nós ao longo do tempo.

## 1.2 Declaração de problema (Marlene & Britt)

*O livro é baseado numa análise comparativa de quatro anúncios Chanel e examina se e como as estratégias de marca Chanel mudaram ao longo dos anos. A investigação incluirá uma discussão sobre possíveis mudanças na marca Chanel e delineará o grupo de segmentação a que os clientes da*

*Chanel pertencem.*

Queremos investigar se a segmentação tem impacto nas estratégias de marca aplicadas e no uso da retórica. Para investigar isto exaustivamente, é relevante uma revisão da história da publicidade desde os anos 30. Uma vez que a publicidade é um dos instrumentos de marca mais frequentemente utilizados, um esboço do desenvolvimento deste género é de grande importância.

Os tópicos deste livro são a publicidade e a sua evolução ao longo do tempo, a análise de quatro anúncios Chanel, seguida de uma análise comparativa dos resultados e, finalmente, um parágrafo sobre estratégias de marca, segmentação do consumidor e sugestões para o futuro.

O método escolhido para o livro é uma análise comparativa da publicidade Chanel, que é analisada com a ajuda do modelo IMK. Além disso, as teorias de publicidade e branding são utilizadas como ferramentas para responder à declaração do problema.


## 1.3 A estrutura (Marlene & Britt)

A estrutura do livro começa com uma apresentação das ferramentas analíticas e teorias utilizadas, seguida de uma secção sobre a história da publicidade para compreender o desenvolvimento neste campo. Isto é de grande importância uma vez que os quatro anúncios são de períodos de tempo muito diferentes. Segue-se uma secção sobre a história da Chanel, para que o leitor possa obter um conhecimento interno conciso da empresa em questão. A seguir é a análise dos quatro anúncios, que é o foco principal do livro. Segue-se uma análise comparativa dos anúncios para comparar os resultados das análises anteriores. Após a parte de análise, passamos a um parágrafo sobre a marca para determinar a estratégia de marca de Chanel agora e no futuro. Esta parte incluirá também uma discussão sobre o segmento de consumidores Chanel. Finalmente, há uma secção sobre a crítica da fonte e uma conclusão com a resposta à declaração do problema.

## 1.4 Demarcação (Marlene & Britt)

A investigação no domínio da marca e publicidade tem-se concentrado recentemente na forma como as empresas por vezes se esquecem de considerar internamente a inclusão de uma estratégia de marca. Por conseguinte, a comunicação interna dentro da empresa é de grande importância para a forma como a própria empresa marca para o mundo exterior. Contudo, este livro centra-se na forma como as empresas podem criar um significado comum com o seu ambiente externo, fazendo um esforço interno para promover a marca e os produtos. A fim de aprofundar a parte externa da comunicação do mercado, decidimos não ir mais longe no aspecto interno. Em vez disso, continuamos a concentrar-nos nas estratégias de marca da Chanel e na forma exacta como estes anúncios mudaram ao longo dos anos.

Quando se trata de branding, a consideração cultural é também um aspecto importante. A fim de examinar os significados culturais, normas e mudanças de forma abrangente, é necessária uma análise aprofundada da história cultural tanto da América como da Europa. Uma vez que o nosso foco está nas mudanças na marca e na publicidade de uma empresa em particular, concentrámo-nos nas tendências e tendências gerais da sociedade ocidental desde a década de 1930 até ao presente. Embora Chanel utilize uma comunicação padronizada do mercado global, decidimos não discutir ou comentar mais o aspecto internacional, uma vez que isso iria retirar o foco do tema geral do livro.

Finalmente, no que diz respeito às teorias de branding, analisámos as estratégias de branding existentes, a natureza da publicidade e a segmentação de Chanel, tendo em conta que Chanel é uma casa de moda altamente estabelecida. Isto significa que não nos envolvemos na segmentação de alvos ou no desenvolvimento de uma nova estratégia de marca. No entanto, concluiremos o livro no futuro com uma discussão sobre a marca Chanel.

## 2   Ferramenta de análise (Marlene)

Este livro será baseado no modelo IMK1 , que é um dos modelos analíticos mais completos quando se trata de discutir a comunicação, a cultura e o contexto geral. O modelo será o nosso principal instrumento para a análise posterior da publicidade.

Explicação do modelo IMK:

- Contexto e cultura:

  Este ponto constitui o quadro geral da produção do texto. Aqui o modelo distingue entre, por um lado, o contexto situacional (quem, o quê, onde e quando) e, por outro lado, a cultura que efectivamente determina o contexto situacional em muitos aspectos.


- Os meios de comunicação social:

  O meio é a transmissão física do texto. Os meios de comunicação social estão divididos em dois grupos - meios escritos como jornais, revistas e cartazes, e meios electrónicos como a televisão, o telefone e a Internet2

  .


- O género:

  Finalmente, o modelo trata de géneros. Um género é um grupo de textos com o mesmo objectivo comunicativo. O género é considerado como uma ligação entre contexto, cultura e meios de comunicação social, por um lado, e a forma verbal e visual concreta, por outro3.


- Código:

  O código é a gramática ou conjunto de regras que especifica como os caracteres e as palavras devem ser combinados num texto durante a comunicação. Estes códigos são determinados pela cultura, os meios de comunicação e os géneros utilizados na comunicação de mercado.

- Texto (estratégias retóricas):

O modelo IMK também se concentra em estratégias retóricas definidas como efeitos verbais ou não-verbais específicos. Estes efeitos realizam os diferentes movimentos de texto na dada comunicação de mercado. O modelo divide as estratégias não verbais em três pontos, que são visuais, tácteis e olfactivas[6].

- Remetente:

O remetente de um determinado texto é a pessoa responsável pela comunicação do mercado em questão, esta é normalmente uma empresa. O modelo faz a distinção entre remetentes externos e internos do texto. O remetente externo é o remetente definitivo da comunicação do mercado, pode ser um funcionário da agência de publicidade encomendada ou um funcionário do departamento de marketing ou comunicação da respectiva empresa. O remetente interno, por outro lado, é identificado[7] no texto, por exemplo, por marcações visuais tais como o logótipo da empresa ou o nome da empresa, ou linguisticamente por citações, etc., de um representante da empresa.

- Receptor:

O destinatário é o segmento ou grupo-alvo do texto. Quando se trata de comunicação no mercado, o destinatário é geralmente o consumidor privado ou industrial, o comprador ou o responsável pela tomada de decisões. Em alguns casos, é necessário distinguir entre destinatários

---


[6] *Ibid.*, p. 114
[7] *Ibid.*, p. 52

primários e secundários. Esta abordagem é frequentemente utilizada em anúncios publicitários e comerciais que se dirigem aos consumidores e compradores ao mesmo tempo. Um exemplo disto poderia ser a publicidade de brinquedos, em que as crianças são os consumidores e os pais são os compradores[8].

- Orador:

O orador será normalmente o produto ou serviço que a empresa está a tentar promover através da comunicação no mercado. Mas o orador é também a marca que a empresa está a tentar estabelecer, e não apenas o produto que quer vender[9].

## 3  Teorias (Britt)

Para aplicar correctamente a teoria, é importante explicar o que é o branding, como pode ser utilizado, como o branding e a publicidade funcionam em conjunto, e no caso deste livro, publicidade de luxo. Por conseguinte, esta parte do livro explica as importantes definições e teorias.

## 3.1  A mistura de marketing (Britt)

O marketing mix é frequentemente classificado como os 4P e consiste no produto, preço, localização e publicidade. O livro incidirá sobre o quarto P, Promoção. Trata-se de diferentes tipos de comunicação de marketing, que são a publicidade, promoção de vendas, relações públicas, marketing directo e vendas pessoais[10]. A influência da publicidade sobre a marca é inegável, uma vez que ajuda as empresas a evoluir para marcas bem conhecidas[11]. A publicidade cria conhecimento de marca que pode ser alcançado com uma

---


[8] *Ibid.*, p. 53

[9] *Ibid.*, p. 56

[10] Kotler, Philip. (1999). *KotlerOm Marketing.* Dinamarca: Bprsen, p. 112

[11] Hackley, Chris (2005). *Publicidade e promoção - comunicação de marcas.* Londres: Sage publications, S. 58-59

abordagem racional ou emocional. A abordagem racional mostra os aspectos funcionais da marca e a forma como esta beneficia o consumidor. Por outro lado, a abordagem emocional tenta criar associações positivas de marcas e as funções reais do produto não são relevantes[1213].

## 3.2 Publicidade (Britt)

Uma vez que este livro é uma análise comparativa de quatro anúncios diferentes, é importante indicar também o que é realmente a publicidade. A publicidade faz parte da mistura de publicidade e pode ser definida pelo seu *"carácter explicitamente promocional, mediado e pago"*[1] e é diferente de outros tipos de publicidade porque o foco da publicidade é a venda de um determinado produto ou marca. A publicidade é considerada um poderoso e convincente instrumento de marketing e é também uma das formas mais visíveis de comunicação de marketing[14]. As análises deste livro serão baseadas em publicidade impressa, pelo que os meios de comunicação envolvidos serão muito provavelmente ou revistas ou publicidade exterior. A publicidade exterior inclui outdoors e cartazes, dois tipos de sítios que são muito utilizados em países como a França. As revistas têm uma audiência mais restrita do que os jornais, a televisão e a publicidade exterior[15] e, portanto, dirigem-se a uma audiência mais segmentada.

## 3.3 Definição de luxo (Britt)

Os anúncios que serão analisados mais tarde são para uma empresa de luxo, pelo que é relevante considerar o termo "luxo" e a forma como essas marcas são normalmente anunciadas. Não existe uma definição padrão de luxo, mas a

---

[15] Filling, Chris (2005). *Comunicação de Marketing.* Inglaterra: Prentice Hall, S. 408
[13] Hackley, Chris. op cit., p. 7
[14] Hollensen, Svend (2007): *Global marketing.* Inglaterra: Pearson Education Limited, S. 545
[12] Hollensen, Svend. op. cit., p. 551-552

maioria das pessoas na Europa e nos Estados Unidos associam o luxo ao facto de ser caro, de alta qualidade e prestigioso[16]. Existem dois modelos de marcas de luxo; o primeiro são marcas que têm uma história e estão enraizadas num estilista famoso; este tipo de marca é frequentemente visto em casas de moda europeias. O segundo modelo são marcas sem história, que em vez disso criam uma história para si próprias e constroem uma imagem baseada no marketing. Estas marcas são frequentemente americanas e "recém-chegadas" na indústria da moda[17].

## 3.4  Branding (Britt)

Ao longo dos anos, tem havido várias definições de branding. Pode ser descrito como: *"Uma marca de origem que traz uma promessa de qualidade e desempenho que tranquiliza os consumidores e pode mudar a sua experiência"*6 Outros diriam que a marca simplesmente conta uma história, mas é uma forma de diferenciar uma marca ou empresa das outras. Dois tipos principais de atributos são atribuídos à marca, nomeadamente características funcionais tais como forma, desempenho e capacidade física. Os atributos extrínsecos são os elementos que não alteram a forma como o produto funciona, elementos como o nome da marca, comunicação de marketing, embalagem e preço[1819]. Mas ao alterar atributos extrínsecos, existe o risco de que tudo o que o consumidor associa à marca mude.

Existem dois tipos de arquitectura de marca, ambos representando todo o marketing com os interessados. A primeira chama-se "casa da marca" e utiliza uma única marca para cobrir toda a carteira de produtos, muitos dos quais têm nomes de sub-marcas. Uma casa de marca tenta dominar mercados inteiros com a sua forte marca corporativa. O segundo tipo é chamado "casa da marca" e consiste num número de marcas que funcionam individualmente umas das


[16] Schroeder, Jonathan E. (2006). *Cultura de marca.* Nova Iorque: Routine, S. 71
[17] Schroeder, Jonathan E. op. cit., p. 75
[18] Hackley, Chris. op cit., p. 60
[19] Fill, Chris. op. cit., p. 394

outras e que, portanto, são capazes de se manterem por si próprias[20].

A carteira de produtos é composta por várias marcas, que desempenham todas diferentes papéis na carteira. A marca Bastion é a mais importante e valiosa em termos de lucro e quota de mercado. Depois pode haver marcas de flanco que existem para proteger a marca de bastião contra os concorrentes, isto é feito principalmente com um preço mais baixo e um conjunto diferente de atributos. Desta forma, é mais difícil para os concorrentes entrar no mercado em questão. As marcas de Bastion afastam os concorrentes que competem em preços de desconto, e a ênfase está no reconhecimento do nome. Por último, mas não menos importante, a marca de prestígio é a que mais frequentemente visa nichos de mercado e se concentra em alta qualidade, luxo e status [21].

### 3.4.1 Celebrity branding (Britt)

Uma vez que o foco deste livro será o branding e a publicidade de um produto de luxo, é relevante lidar com o fenómeno chamado Celebrity Branding. Este tipo de branding pode ser feito de várias maneiras, por exemplo, pelo aparecimento de celebridades na publicidade, pelo seu aparecimento em eventos de relações públicas ou pela utilização do seu nome como parte da própria marca. As celebridades são mais frequentemente utilizadas em ligação com vestuário e perfumes, como no caso deste livro [22].

### 4  A história da publicidade (Marlene)

A história da publicidade ocidental remonta pelo menos aos anos 1630, quando o francês Théophraste Renaudot colocou os primeiros anúncios na *La Gazette de France.* Em 1786, William Tayler ofereceu os seus serviços como

---

[20] Fill, Chris. op. cit., p. 399
[21] Fill, Chris. op. cit., pp. 400-403
[22] Hollensen, Svend. op. cit., p. 450-451

"agente dos impressores, livreiros, etc.", mas o termo "agência de publicidade" foi cunhado em 1842, quando Volney B. Palmer começou a trabalhar na Filadélfia. Proclamou-se agente publicitário na Filadélfia e depois fundou escritórios semelhantes em Boston e Nova Iorque. As pessoas que queriam colocar os seus anúncios no jornal pagavam-lhe uma comissão. Tais actividades tornaram-se muito populares na América e na maioria dos países europeus na segunda metade do ^século XIX. [23]

Este tipo de negócio é agora amplamente considerado como o nascimento da publicidade moderna, marcando o início de uma indústria criativa que [24]mudou radicalmente a nossa cultura e língua. No entanto, ao longo da história, o comércio foi visto como um mal necessário e, até ao final do século XIX, não era uma profissão digna das classes altas bem educadas[25].

## 4.1 Fases da publicidade (Marlene)

Para avançar para uma história mais recente, os três autores Will Leiss, Stephen Kline e Sut Jhally dividiram a história da publicidade em quatro fases no seu livro Communication in Advertising (1986)[26]. Segundo os três autores, 1890-1925 foi *a fase orientada para o produto*, em que a publicidade se centrou no produto e nas suas possibilidades técnicas. Há bastante texto verbal, e a comunicação tem lugar através da imprensa escrita. 1925-1945 foi *a fase orientada para o símbolo, na qual* a ênfase é colocada em valores simbólicos como o estatuto, o glamour e a família. A mensagem do anúncio é mais emocional e é comunicada através de um novo tipo de meios de comunicação, a rádio. Depois da Segunda Guerra Mundial, o foco mudou

---

[33] A Internet: http://www.rzuser.uni- heidelberg.de/~el6/presentations/pressec2hoa/19. and20. werbung.htm

[34] O Internet:http://www.taschen.com/pages/en/catalogue/design/all/05040/facts.a História da publicidade.ht m

[52] Hackley, Chris. op cit., pp. 198-199

[58] Frandsen, Finn. op. cit., p. 8

novamente e agora girava em torno da pessoa que usava o produto, o consumidor. Estrelas de cinema, peritos e outras autoridades publicitaram os produtos através de "testemunhos". A publicidade tornou-se mais sexual e erótica, e a televisão foi introduzida como um novo tipo de meios de comunicação social. Finalmente, temos *a fase orientada para o grupo* de 1965-1985, em que o foco já não é o indivíduo, mas o grupo e o estilo de vida a que o indivíduo pertence.

Os três autores não têm nenhuma fase para a publicidade de hoje. Contudo, peritos e inquéritos sugerem que a publicidade se tornou mais *global* desde o final dos anos 80 e até aos dias de *hoje**. Isto deve-se em grande parte ao facto de as compras internacionais em linha terem tido o seu avanço no final dos anos 90[27][28]. Actualmente, os anúncios tendem a utilizar símbolos anti-fashion e valores neo-tradicionais, e a ênfase está em destacar-se da multidão e em ser únicos e inovadores. A nudez, os elementos raciais e sexuais já não são geralmente considerados "politicamente incorrectos".

Os principais marcos publicitários dignos de menção incluem 1929, quando a American Tobacco Co. gastou 12,3 milhões de dólares em publicidade Lucky Strike, a maior parte que uma empresa alguma vez gastou em publicidade a um único produto. Em 1954, a CBS tornou-se o maior veículo publicitário do mundo, e 1981 foi o ano em que a MTV estreou com imagens de vídeo frenéticas que mudaram a natureza dos anúncios publicitários. E finalmente, em 1993, a Internet tornou-se uma realidade quando 5 milhões de utilizadores se tornaram online em todo o mundo[29].

## 4.2 Comercial hoje (Marlene)

As tendências de marca e publicidade mostram uma tendência para valores


[27] A Internet: http://adage.com/century/timeline/index.html
[28] Vid0, Marie. *Hvordan var det lige, vi begyndte?* Roupa (Maio 2010), p. 80-85





[29] A Internet: http://adage.com/century/timeline/index.html

como o tempo, conveniência, controlo e independência são as novas moedas para os consumidores. Nestes tempos incertos e tendo em conta a economia e o clima, os consumidores procuram empresas e marcas que realmente "se preocupem"[30].

A importância e imagem da marca está também a tornar-se cada vez mais importante, os consumidores querem valor e estatuto para o seu dinheiro. Isto coloca maiores exigências às campanhas publicitárias de diferenciação, porque as marcas que entendem onde residem as expectativas mais fortes serão as marcas que sobrevivem. [31]

## 5  A história de Chanel (Britt)

O primeiro vislumbre da história da moda pode ser traçado desde o século XIX, mas o primeiro estilista que ainda hoje é conhecido foi Coco Chanel, que apareceu em França na década de 1910. No entanto, ela nasceu da pobreza e de uma escola conventual rigorosa, tinha a capacidade de estabelecer relações sociais, e quando abriu a sua primeira loja de chapéus em 1910, foi com a ajuda financeira de um dos seus muitos amigos homens. Coco Chanel rapidamente se expandiu para vestuário, e os seus desenhos foram reconhecidos como simples, práticos e inspirados pelo vestuário masculino. O imenso sucesso do perfume Chanel No. 5, lançado em 1923, tornou a marca Chanel famosa, e a ideia de "elegância simples" da Coco Chanel tornou-se cada vez mais popular. O seu interesse e crença na moda era inegável, como uma vez foi citado como dizendo: *"A moda não é algo que existe apenas no vestuário. A moda está no céu, na rua, a moda é sobre ideias, sobre a forma como vivemos, sobre o que acontece"* [32][33]Apesar do seu sucesso, a casa da


[30] A Internet: http://trendwatching.com/briefing/
[31] A Internet: http://www.brandingstrategyinsider.com/2009/10/10-branding-and-marketing-trends-for-2010.html
[32] Schou, Carina Nprgaard. *Cfor* Chanel. Fantasia nº 86 (Junho de 2009), p. 48
[33] A Internet: http://www.metmuseum.org/toah/hd/chnl/hd chnl.htm

moda fechou durante a Segunda Guerra Mundial, porque Coco Chanel não acreditava que era o momento da moda. Mas a emergência de Christian Dior e dos seus desenhos femininos levou Chanel a reabrir e actualizar os seus desenhos clássicos. Tanto a linha de alta costura como a linha de pronto-a-vestir foram mantidas vivas após a morte de Coco Chanel em 1971, e quando Karl Lagerfeld assumiu como designer criativo com muitos dos detalhes característicos de Chanel em 1983-1984 e reintroduziu o logótipo do C de duas peças, a casa de moda foi relançada e tornou-se mais popular do que nunca31 ·

A Casa de Chanel conduziu a moda para o século XX. Coco Chanel foi um génio a fazer ligações e as suas capacidades de marketing estavam para além do seu tempo[34]. Diz-se que Coco Chanel já sabia o que as mulheres queriam mesmo antes de o saberem, e esta pode muito bem ser a razão pela qual Chanel sempre conseguiu ser moderna. Karl Lagerfeld continuou a visão da modernidade de Chanel e adaptou os clássicos ao presente[35]. Chanel no século XXI ainda está na moda, e após o 100º aniversário foram feitos dois filmes sobre a casa e o seu fundador. Karl Lagerfeld inspira-se também nas suas jovens musas, que são muitas vezes it-girls contemporâneas, tais como Keira Knightley. Estas raparigas ilustram a imaginação de Chanel[36].

Para concluir a curta história de Chanel, que é um dever a ter em mente ao analisar os anúncios deste livro, devem ser mencionados os clássicos mais importantes. Estes incluem o pequeno vestido preto, a flor de camélia, as pérolas, os sapatos de duas cores, a bolsa acolchoada, o casaco de tweed e o Chanel No. 5, que é agora o perfume mais vendido e mais icónico do mundo[37].

---

[31] Tungate, Mark (2008). *Marcas da moda: Estilo de branding de Armani a Zara.* Página Kogan, p. 13-14
[32] Schou, Carina Nprgaard. op. cit., p. 48
[33] Schou, Carina Nprgaard. op. cit., p. 51
[34] Schou, Carina Nprgaard. op. cit., p. 49

## 6   Análise da publicidade Chanel (Marlene & Britt)

Nesta parte do livro iremos analisar as nossas quatro exposições utilizando o modelo IMK. Ao analisar os anúncios, é também importante considerar se se trata do lançamento de um novo produto ou do relançamento de um velho clássico[38]. Primeiro é definido o objectivo comunicativo dos anúncios Chanel, seguido das análises propriamente ditas.


### 6.1 A finalidade comunicativa (Marlene)

A finalidade comunicativa é compreensível para o remetente e destinatário do respectivo género e, portanto, simultaneamente válida para as estratégias verbais e não verbais do artigo publicitário. Estas são as acções ou condições pretendidas pelo remetente e esperadas pelo destinatário[39]. O principal objectivo de um anúncio publicitário é gerar atenção para um produto ou empresa específica. Além disso, pode também haver uma variedade de subpurpos, tais como lançar um novo produto, diferenciar um produto dos outros ou criar uma certa imagem de marca e fornecer informações sobre características, qualidade ou preço[40].

A criação de anúncios pode ser ligada à situação competitiva do produto. Uma forte concorrência exige publicidade que posiciona o produto como diferente, melhor e mais luxuoso do que os produtos concorrentes[41].

A fim de clarificar o modelo IMK em relação a Chanel e à sua publicidade, são examinados os diferentes pontos comunicativos do modelo.


- O contexto e a cultura: o mundo ocidental e as suas tradições e características culturais, mas o foco deste livro será principalmente as

---


[38] Frandsen, Finn. op. cit., p. 133
[39] *Ibid.,* p.111-112
[40] *Ibid.,* p. 137
[41] *Ibid.,* p. 133

tendências e tendências.

- Media: Três em cada quatro anúncios são, muito provavelmente, revistas femininas. O mais antigo, no entanto, é um catálogo de Natal.
- Género: Todos os materiais são anúncios. Algumas delas são orientadas para o produto, outras para a imagem.
- Código: A forma como o anúncio tenta expressar a mensagem. Em todos os anúncios Chanel, o código é visual, e o uso de celebridades é a forma como a empresa tenta vender as fragrâncias.
- Texto: Este é o verdadeiro produto da promoção. Neste caso, são os quatro anúncios Chanel.
- Estratégias retóricas: Os anúncios consistem em estratégias retóricas visuais, tanto verbais como não verbais.
- Remetente: Obviamente que o remetente externo é a empresa Chanel. O remetente interno é provavelmente o próprio departamento de marketing da Chanel ou uma agência de publicidade seleccionada.
- Destinatários: Os perfumes Chanel têm um público mais vasto do que outros produtos da empresa. Por conseguinte, os destinatários encontram-se na maioria dos meios de vida. Assim, o destinatário é qualquer pessoa que consuma o perfume.
- Orador: É a marca e imagem de luxo que Chanel aponta.


## 6.2 Estrutura em movimento (Britt)

Considerando que iremos analisar as campanhas Chanel, que pertencem todas ao género da publicidade, é importante definir a estrutura móvel para este tipo de género.

A publicidade é geralmente considerada como um dos géneros mais diferenciados de comunicação do mercado. Por esta razão, pode ser difícil definir exactamente o que um anúncio deve ou não conter. No entanto, é possível identificar uma série de passos comuns. 1) Atrair a atenção: Um elemento verbal ou não verbal, por exemplo um slogan ou logotipo, que sinaliza que o remetente quer comunicar com o destinatário. 2) Referência a um produto, marca ou empresa: É necessário que o destinatário identifique a mensagem do anúncio. 3) O preço do produto: É mais frequentemente utilizado em anúncios de vendas e nunca em anúncios de imagem. 4) A vantagem do produto: é necessário que o destinatário identifique a mensagem do produto: O estatuto ou vantagem que o consumidor recebe ao adquirir este produto. Também se pode dizer que estes são os elementos da USP[42]. 5) A legitimidade da vantagem do produto: Argumentos que falam a favor do produto. 6) Este último passo é uma explicação de como comprar o produto [43]. No entanto, deve ser mencionado que apenas os passos 1 e 2 são obrigatórios num anúncio.

## 6.3 Análise da exposição 1 (Marlene)

O primeiro anúncio data de 1930[44] e pode portanto ser colocado entre a fase orientada para o produto (1890-1925) e a fase orientada para o símbolo (1925-1945) [45]. E como a análise seguinte mostrará, o anúncio contém elementos de ambas as fases. Desde que o Chanel No. 5 foi iniciado em 1923, este anúncio não é uma nova introdução, mas sim um anúncio informativo sobre os vários produtos e o seu preço.

### 6.3.1 Estrutura em movimento (Marlene)

Com base na estrutura móvel do anúncio, vemos como o remetente atraiu a atenção ao colocar "Chanel de Natal" no topo de um anúncio muito glamoroso mostrando a linha de produtos de fragrâncias da empresa. O logótipo Chanel é muito visível para o destinatário na parte superior e inferior do anúncio,

---

[41] USP: "A Proposta de Venda Única é o argumento de venda decisivo para os clientes comprarem o produto..." Hollensen, Svend. op. cit., p. 547

[43] Frandsen, Finn. op. cit., p.138-140

[44] Anexo 1, p. 52

[42] Frandsen, Finn. op. cit., p. 8

havendo também várias imagens dos produtos e descrições. O preço do produto é também visível neste anúncio, embora não seja um anúncio típico de vendas, mas uma campanha de Natal para uma marca de luxo. Os benefícios das fragrâncias Chanel não são escritos directamente no anúncio, mas são expressos implicitamente ao salientar que a utilização de produtos Chanel o torna tão bonito como a mulher retratada no anúncio.

### 6.3.2 Estratégias retóricas (Marlene)

Para atingir o objectivo dos movimentos, são necessárias estratégias retóricas e podem ser definidas como a utilização de certos meios verbais ou não verbais para realizar os diferentes movimentos[46].

### 6.3.2.1 Estratégias retóricas verbais (Marlene)

Na publicidade, as estratégias retóricas verbais são expressas de muitas formas diferentes, por exemplo através de slogans e slogans, mas também através de conotação e denotação. A conotação é a utilização de palavras neutras ou objectivas com um significado simples, enquanto a denotação requer um método de descodificação mais analítico, uma vez que as palavras têm mais do que um significado. A tendência para utilizar a denotação é mais evidente nos anúncios com elevada participação[47].

Slogans e ditos são um meio de atrair a atenção de potenciais consumidores, uma vez que são quase sempre encontrados na publicidade. "Les Parfumes Chanel", impresso no fundo do anúncio, é uma forma de manter o foco na origem francesa da marca Chanel, ao mesmo tempo que indica que estes produtos são fabricados em nome de uma fina marca de luxo europeia. Um sinal que visava expressar riqueza e uma preferência pela diversidade cultural na América nos anos 30. Além disso, uma mistura de duas línguas num

---

46 Ibid., p. 114
47 Ibid., p. 140

anúncio é chamada uma mudança de código, e ao utilizar uma língua estrangeira, a empresa sublinha o seu estatuto como marca global[48]. O inglês é normalmente utilizado na publicidade em língua estrangeira, mas esta publicidade faz o contrário e utiliza o francês.

Nos anúncios deste período, muito texto é frequentemente utilizado para explicar os produtos, o que também é o caso neste anúncio Chanel. Nos cinco textos dos produtos, as várias fragrâncias são brevemente introduzidas e o preço é indicado no final de cada texto.

### 6.3.2.2 Estratégias retóricas não verbais (Marlene)

As estratégias retóricas não verbais estão geralmente divididas em três pontos, nomeadamente visual, táctil e olfactiva, e são frequentemente utilizadas na publicidade. A estratégia retórica visual e não verbal é a composição de cores, layout, imagens e fotografias[49]. As estratégias tácteis são geralmente o tipo de material utilizado para produzir o anúncio, por exemplo, a qualidade do papel. A terceira estratégia é mais comum na publicidade a perfumes, por exemplo, amostras de cheiros.

Neste anúncio, vemos como o remetente escolheu colocar uma bela mulher no meio do anúncio, vestida com um vestido branco banhado em luz, e de certa forma representada como um ângulo iluminado pela glória. Ela mantém a cabeça erguida e envia um sinal de auto-confiança e controlo. Ela está rodeada de caixas de perfume Chanel, que sinalizam luxo através do papel acetinado e do tecido de seda. Todas as caixas de ofertas são colocadas de tal forma que apontam para o centro da exposição, onde a mulher está e debaixo dela é colocado um frasco de perfume Chanel.

Olhando para as fases mencionadas acima nesta parte, é evidente que esta publicidade pode ser colocada algures entre as fases orientadas para o

---

<sup></sup> *Ibid.*, p. 144
<sup></sup> *Ibid.*, p. 163

produto e as orientadas para o símbolo. Por um lado, o próprio produto é o centro das atenções, uma vez que uma grande parte da linha de produtos é apresentada tanto com imagens como com muita informação de texto. Por outro lado, existe uma expressão sub-harmoniosa de estatuto e luxo ao mostrar as caixas de perfume de uma forma exclusiva.

Como encontrámos o anúncio em linha, não podemos dizer que tipo de efeitos tácteis foram utilizados. Contudo, o local mais óbvio para publicar este anúncio seria numa edição de Natal de uma revista feminina. O tipo de material normalmente utilizado neste tipo de revista seria papel brilhante e lisonjeiro para fazer com que o produto parecesse o mais exclusivo possível.

## 6.4 Análise do ecrã 2 (Britt)

A segunda visualização Chanel é de 196048 e pode ser trocada na fase orientada para a pessoa (1945-1965). Nesta fase, tornou-se normal utilizar estrelas de cinema e outras celebridades para marcar o produto através dos chamados testemunhos. Este é também o caso neste anúncio, em que uma das estrelas de cinema mais lendárias do mundo promove Chanel. Mais uma vez, isto não é um lançamento, mas o objectivo do anúncio é diferenciar Chanel No. 5 de outros perfumes, usando uma actriz famosa como modelo.

### *6.4.1 Estrutura em movimento (Britt)*

O movimento de atenção mais marcante é a utilização de Marilyn Monroe no anúncio. Era uma das caras mais famosas da época e era considerada um objecto sexual em todo o mundo. Ela foi escolhida por Chanel depois de ter dito a famosa citação quando lhe perguntaram o que usava na cama: *"Duas gotas de Chanel No. 5*[AQ]*"*. Depois desta citação ela tornou-se a musa Chanel dos anos 50 e 60. No anúncio, Marilyn Monroe está a segurar um frasco de

Chanel No. 5, conhecido mundialmente como o perfume clássico Chanel. A vantagem do produto é que o consumidor se sente tão privilegiado e adorado pelo perfume como uma estrela de cinema popular. Pela mesma razão, não há descrição do produto ou preço no anúncio, uma vez que o efeito da Marilyn Monroe é publicidade em si e não requer quaisquer outros argumentos de venda.

## 6.4.2 Estratégias retóricas (Britt)

### 6.4.2.1 Estratégias retóricas verbais (Britt)

O anúncio não contém qualquer texto, o que se enquadra bem na fase orientada para a pessoa em que a individualidade e a sexualidade são o centro das atenções e não se transmite tanta informação prática.

### 6.4.2.2 Estratégias não verbais de retórica (Britt)

Como já foi mencionado, Marilyn Monroe é o foco geral da publicidade. De acordo com a aparência do ambiente no anúncio, ela está num quarto de dormir, o que está de acordo com a sua famosa citação de 1953. Como a fase orientada para a pessoa indica, a sexualidade e o erotismo são características importantes. Isto também é visível neste anúncio, pois Marilyn Monroe veste um vestido justo e decotado com uma cinta para baixo e uma expressão feliz no seu rosto com a boca meio aberta e os olhos fechados. Ela também segura a garrafa de Chanel No. 5 perto do seu coração, como se fosse algo muito importante para ela. Tal como o primeiro anúncio, a campanha Marilyn Monroe é a preto e branco, mas esta é a fase em que a televisão está a ser introduzida como um meio comercial. No entanto, este anúncio foi provavelmente mostrado em revistas femininas, uma vez que as mulheres que o leram são provavelmente as que compram Chanel No. 5 e querem ser associadas a Monroe.

## 6.5   Análises de publicidade 3 (Marlene)

Este terceiro anúncio data de 1986[50] e é assim uma mistura da fase orientada para o grupo e a actual fase do mercado global. Carole Bouquet, que foi o rosto de Chanel no final dos anos 80, é uma famosa actriz e modelo francesa. A ligação à fase orientada para o grupo é expressa no vestuário e jóias que usa, que mostram que ela leva uma vida de luxo e pertence à classe social superior. Carole Bouquet não é apenas francesa, mas também uma estrela de cinema internacional com papéis em filmes épicos como os filmes de James Bond[51]. A sua experiência internacional enquadra-se bem no mercado global, pois Chanel escolheu um compatriota, que é também uma celebridade de Hollywood, para promover a fragrância. Este anúncio é um exemplo de um novo lançamento de um produto antigo, uma vez que o frasco e o nome da fragrância estão sobredimensionados e mais em foco do que em anúncios anteriores.

### *6.5.1 Estrutura em movimento (Marlene)*

Este anúncio utiliza vários comboios que chamam a atenção. Em primeiro lugar, o anúncio é preenchido com cores brilhantes e apelativas. Segundo, a modelo do anúncio é famosa pelo seu papel em "For Your Eyes Only", onde estrelou com Roger Moore, uma das mais lendárias personagens de Bond do nosso tempo.

O produto, que é o perfume Chanel No. 5, é muito destacado na publicidade. Carole usa uma enorme garrafa com o nome do produto no meio da imagem.

### *6.5.2 Estratégias retóricas (Marlene)*

*6.5.2.1 Estratégias retóricas verbais (Marlene)*

---

[50] Anexo 3, p. 54
[51] A Internet: http://www.carolebouquet.net/

Mais uma vez, Chanel optou por não utilizar texto na sua publicidade. Por conseguinte, o foco nesta parte da análise está nas estratégias não verbais.

### 6.5.2.2 Estratégias retóricas não verbais (Marlene)

No verdadeiro estilo dos anos 80, a publicidade utiliza cores brilhantes e marcantes. Carole usa um casaco na cor vermelha, que nas culturas ocidentais simboliza geralmente o poder, a riqueza e a atenção. Esta escolha de cor está claramente relacionada com a fase de grupo acima referida, o que significa que ela pertence a um grupo de mulheres de forte sucesso. Tradicionalmente, a cor azul representa confiança e divindade e é também a cor do céu. Carole parece forte e confiante com uma expressão muito determinada no seu rosto e parece ter a situação geralmente sob controlo. A forma como segura a garrafa de Chanel sinaliza tanto protecção como ternura, uma vez que é mantida perto do seu coração. A sua mão esquerda transporta a garrafa, tal como uma mãe seguraria o seu filho nos braços, isto também é um sinal de protecção e afecto.

Em contraste com os dois expositores anteriormente mencionados, este é a cores, o que também indica a transição da fase orientada para a pessoa para a fase orientada para o grupo. Esta versão de um anúncio Chanel foi encontrada numa vasta gama de revistas, uma vez que é muito mais corrente do que os anúncios acima mencionados. Não se concentra tanto no feminismo como o anúncio da Marilyn Monroe, por exemplo, e por isso aparece mais em catálogos e revistas de família. No entanto, as estratégias tácteis são provavelmente as mesmas de antes, nomeadamente o papel de alta qualidade que se adapta à imagem de luxo de Chanel.

## 6.6 Análise da exposição 4 (Britt)

O quarto anúncio data de 200752 e pertence à fase do mercado global, que é também a fase de hoje. Actualmente, o marketing é cada vez mais dominado por empresas e produtos de nicho, e nos últimos anos o foco mudou mais do que nunca para a anti-fashion, já que já não se trata de ser um escravo da moda, mas de se destacar da multidão. Nesta publicidade, isto é feito principalmente através da utilização da nudez. O produto do anúncio é o perfume Coco Mademoiselle, que foi lançado em 2001. Considerando que este anúncio é de 2007, é um relançamento, e a imagem do perfume tem sido quase a mesma desde o início. Em 2003, o perfume Coco Mademoiselle foi promovido pela famosa modelo e rapariga da festa Kate Moss, utilizando os mesmos movimentos que este, como a nudez e o minimalismo[52][53].

### 6.6.1 Estrutura em movimento (Britt)

Chama-se a atenção para a utilização da estrela de Hollywood Keira Knightley e para o facto de ela estar quase nua na publicidade. Keira é conhecida por vários filmes de sucesso de bilheteira e pode por isso ser considerada um modelo para as raparigas de todo o mundo. Tanto o logótipo da empresa como o próprio produto são claramente visíveis no anúncio, e o frasco de perfume é destacado juntamente com a Keira. A vantagem do produto está implícita, uma vez que a publicidade alude ao facto de, ao usar o perfume Coco Mademoiselle, os consumidores se tornarem livres, jovens e únicos. Ao contrário dos outros três anúncios, este anúncio promove Coco Mademoiselle e não Chanel No. 5. Como o nome sugere, Mademoiselle é dirigido a mulheres e raparigas mais jovens, enquanto Chanel No. 5 é geralmente dirigido a mulheres mais maduras. O que também distingue este anúncio dos anteriores é o facto de dar informações sobre onde comprar o produto. Desta forma, o perfume parece ser mais acessível aos consumidores.

### 6.6.2 Estratégias retóricas (Britt)

---

[52] Anexo 4, p. 55
[53] Anexo 5, p. 56

### 6.6.2.1 Estratégias retóricas verbais (Britt)

Esta publicidade utiliza numerosas estratégias verbais, todas elas mencionando o nome da marca. Em primeiro lugar, o nome da empresa CHANEL é colocado no canto superior direito e o nome do produto é colocado do lado esquerdo à direita da cabeça da Keira. Outra estratégia verbal importante é o texto "Shop Chanel.com" no canto inferior esquerdo, que se enquadra bem na fase do mercado global, uma vez que a Internet e as vendas globais estão muito em foco.

### 6.6.2.2 Estratégias não verbais de retórica (Britt)

A partir das cores muito brilhantes dos anos 80, esta exposição é mantida em cores muito neutras. O pano branco no seu colo simboliza a inocência num anúncio que de outra forma seria provocante. Os valores do anúncio são uma mistura de feminilidade e masculinidade, uma vez que ela segura um chapéu de homem como cobertura para os seus seios. No entanto, ela é feminina porque usa maquilhagem e um colar, noutros aspectos a sua aparência é masculina porque o seu cabelo é bastante curto e a sua expressão facial é muito severa. Keira é conhecida pelo seu corpo magro e tipo de corpo de menino, o que provocou um grande debate nos meios de comunicação de massas. Keira tem sido acusada de ser demasiado magra, o que pode ser um problema, uma vez que ela é um modelo para as raparigas de todo o mundo. Chanel escolheu a nudez como uma atracção visual, e também está aberto ao debate se é eticamente correcto retratar uma actriz famosa desta forma para vender perfumes. A garrafa de Coco Mademoiselle está, como mencionado, no primeiro plano do anúncio em destaque, enquanto Keira Knightley está coberta com vários matizes e sombras. Isto indica que a figura mais importante no anúncio é o perfume. Este anúncio é muito provavelmente encontrado em revistas de moda, e a estratégia táctil é a mesma que para os anúncios anteriormente mencionados, ou seja, papel de alta qualidade e cores claras. O anúncio foi apresentado na Vogue, a edição de Abril de 2009, por exemplo.

## 7 Análise comparativa (Marlene & Britt)

Na parte seguinte do livro iremos comparar os resultados das análises dos quatro anúncios. O objectivo desta comparação é examinar se a estratégia da marca Chanel mudou ao longo dos anos ou se a marca é tão forte que não foi necessário alterar a estratégia publicitária e adaptar-se às tendências da época. Esta secção abrange desenvolvimentos desde 1930 até ao presente, preocupações éticas sobre sexualidade e nudez, mudanças na sociedade com enfoque nas mulheres, e o estabelecimento de Chanel como uma marca de luxo.

## 7.1 O desenvolvimento (Marlene)

Os anúncios Chanel têm mudado bastante ao longo do tempo. O primeiro anúncio (1930) e o último (2007) têm tão poucas semelhanças que é difícil ver que é a mesma marca a ser anunciada. O anúncio de 1930 é muito orientado para o produto, com muita informação textual e mais foco na compra e venda, enquanto que o anúncio de 2007 é completamente orientado para a imagem e tem muito pouco foco no produto. O primeiro caberia perfeitamente nas páginas de um catálogo de Natal, enquanto que o segundo pertence à capa de uma revista de alta moda. Na década de 1960, a sexualidade e o erotismo tornaram-se um instrumento de marketing, valores femininos como corpos curvados, vestidos decotados e lábios vermelhos foram agora encontrados em anúncios publicitários. O anúncio de Marilyn Monroe é um exemplo brilhante desta tendência, uma vez que ainda hoje é conhecida como uma das mulheres mais sexy do mundo após a sua morte. A decisão de Chanel de escolher Marilyn como modelo foi uma aposta e tanto na sua mentalidade como na sua aparência, pois ela foi bastante controversa para o seu tempo. Por outro lado, o anúncio atraiu a atenção porque o sexo vende. Isto encaixa bem no período a que ela pertence, nomeadamente uma fase de marca de celebridade e meios eróticos. Com a transição para a década de 1980, o foco mudou novamente. Os valores femininos e sexuais foram substituídos pela imagem de uma carreira forte e independente. Mulher. Em vez de mostrar um decote como Marilyn Monroe, Carole Bouquet veste um casaco de fato abotoado em vermelho para simbolizar poder e força. Embora Carole seja uma antiga Bond babe, geralmente combinada com a sexualidade, o papel da mulher portadora de armas também implica valores masculinos e igualdade de género. O anúncio de 2007 acima mencionado difere não só do anúncio da década de 1930, mas também dos outros dois. Em vez de prestar homenagem a corpos femininos curvilíneos como no anúncio da Marilyn Monroe, a tendência agora é para ser magro e infantil. Também difere do anúncio dos anos 80 porque Keira Knightly parece vulnerável, mas tem um olhar sedutor nos seus olhos. Contudo, algumas semelhanças podem ser mencionadas, uma vez que ela cobre os seus seios com um melão e a sua virilha com uma camisa de homem, o que dá ao anúncio um toque masculino. Em contraste com os outros anúncios, a aparência de Kira é mais feminina do que de menina, o que poderia ser uma estratégia de marca deliberada, já que ela anuncia Coco Mademoiselle, um perfume bastante novo, enquanto os outros anunciam um velho clássico, Chanel No. 5.

Como resultado do desenvolvimento tecnológico, os dois anúncios mais antigos são impressos a preto e branco. Isto limita as possibilidades de o remetente expressar certos valores simbólicos através dos elementos visuais. Um exemplo poderia ser que Carole Bouquet está a usar um casaco vermelho brilhante no anúncio dos anos 80, e se o remetente tivesse os meios tecnológicos necessários, Marilyn Monroe estaria sem dúvida a usar batom vermelho no anúncio dos anos 60.

## 7.2 Ética na publicidade (Britt)

A definição de ética é o estudo da moralidade, das práticas e actividades que estão principalmente certas e erradas54 . Ao contrário de uma empresa como a Benetton, Chanel não é conhecida pelos seus anúncios controversos, mas poder-se-ia discutir se alguns dos anúncios de Chanel são provocadores, por exemplo na área da sexualidade. Para que a publicidade seja considerada imoral ou eticamente inadequada, contém frequentemente elementos racistas, linguagem vulgar ou simplesmente o produto de carácter insalubre, como o álcool e os cigarros55 . Em geral, os quatro anúncios Chanel não contêm nenhuma destas características. Contudo, há elementos nos anúncios que podem ser discutidos com base na ética.

Em termos de questões raciais, é digno de nota que apenas as mulheres brancas são utilizadas como o rosto de Chanel, e nunca os afro-americanos, asiáticos ou latinos. Isto não significa que Chanel alguma vez tenha sido racista, quer nas suas declarações, quer nas suas estratégias de marca. A escolha baseia-se muito provavelmente no facto de Chanel ser francês, e o uso de mulheres brancas reforça esta imagem.

Outro aspecto importante de todos os anúncios Chanel é a sexualidade. Neste contexto, os dois anúncios mais marcantes são o anúncio Marilyn de 1960 e o anúncio Keira de 2007, ambos utilizando a subtileza sexual como instrumento de marketing. Embora ambos os anúncios sejam de aparência sexual, eles também diferem muito um do outro. Enquanto Marilyn é sedutora na forma como se veste e na forma como se veste, Keira deixa pouco espaço para a imaginação enquanto está nua, excepto por algumas peças de vestuário reveladoras. Isto é também, naturalmente, uma consequência do contexto histórico. No entanto, é interessante ver como o protótipo do corpo de uma mulher sensual mudou. Na década de 1960, a mulher ideal era curvaceous com seios grandes, lábios cheios e uma tendência para o aspecto gordo e provocante. Marilyn é um exemplo perfeito disto, pois era conhecida pelo seu aspecto sexual. Em contraste, o anúncio da Keira utiliza a sexualidade de uma forma completamente diferente. Neste anúncio, a tendência "Tamanho Zero" do milénio entra em cena à medida que a Keira parece magra e quase infantil. Com o seu rosto emaciado e corpo fino, ela é o oposto completo de Marilyn. Este já mencionado fenómeno de tamanho zero dá origem a considerações morais e éticas. No mundo da moda, espera-se que os modelos e celebridades em geral sejam magros, pelo que não era de esperar que o corpo fino da Kiera causasse qualquer dano na indústria da moda. O impacto de tal anúncio na vida real é outra questão, pois é um problema crescente que especialmente as jovens tentam seguir esta tendência insalubre criada pela indústria da moda. No entanto, deve ser mencionado que as principais capitais da moda como Milão e Madrid mostraram iniciativas para prevenir esta perigosa tendência, eliminando modelos com um IMC[56] inferior a 18 anos de idade, a fim de proteger tanto as modelos como as jovens raparigas que idealizam estes modelos[56][57].

Outra discussão ética que esta publicidade poderia desencadear é a questão de quanta nudez na publicidade é aceitável. Os leitores regulares de revistas de moda muito provavelmente não achariam tal ofensiva, uma vez que a nudez é a regra e não a excepção nesta indústria. Contudo, se tal anúncio fosse colocado em painéis publicitários em público, seria de esperar que algumas pessoas o considerassem inadequado. Este foi o caso em França com a publicidade de roupa interior Sloggi, onde a Associação de Publicidade solicitou à empresa que retirasse a publicidade em cartazes porque o público

---

[56] IMC: Índice de massa corporal
[57] A Internet: http://politiken.dk/erhverv/article173135.ece

sentiu que a publicidade de roupa interior parecia ser um palco de striptease[58]. Além disso, os cartazes publicitários de roupa interior Armani foram acusados de vários acidentes de viação porque distraíam as mulheres enquanto conduziam. Deve notar-se, contudo, que nunca ocorreram incidentes deste tipo relacionados com a marca Chanel.

Embora o conhecimento da resposta ao anúncio de Marilyn seja limitado, é provável que a resposta ao anúncio seja semelhante à do anúncio de Keira.

Em comparação com a publicidade dos anos 30 e 80, a publicidade de Marilyn é controversa e provocativa para a sua época.

## 7.3  O papel da mulher na sociedade (Marlene)

As mudanças na sociedade desde a década de 1930 até ao presente também se manifestam nos anúncios, porque é bastante óbvio como o papel das mulheres influencia o foco dos anúncios. Na década de 1930, as mulheres ficaram principalmente em casa, cuidando das crianças, da casa e fazendo todas as compras. É por isso que o anúncio daquela época é enquadrado como um catálogo de vendas para atrair donas de casa. O início dos anos 60 caracterizou-se por as mulheres se tornarem objectos sexuais e material de marketing, do qual o anúncio de Marilyn Monroe é um exemplo brilhante. Naqueles dias, o tipo de corpo ideal era uma figura curvada, uma tendência que mudou no final dos anos 60, quando raparigas magras como o ícone da moda Twiggy estavam no seu auge[59]. Nos anos 80, as mulheres foram estabelecidas de uma vez por todas como indivíduos independentes, e a ênfase era agora na carreira e na igualdade de remuneração, uma tendência que Carole Bouquet faz bem no anúncio. O ídolo dos anos 80 foi Madonna, outro exemplo brilhante de uma mulher independente que, juntamente com a

---


[58] Hackley, Chris. op cit, p. 199
[59] A Internet: http://costume.dk/article/37775/gallery/219355

famosa instrutora de fitness Jane Fonda, criou o visual bem treinado e aparado[60]. Finalmente, temos os anos 2000, uma década que foi chamada "de volta ao básico" e em que tendências como a desintoxicação, alimentos crus, carboidratos e dietas de grupo sanguíneo criaram raízes[61]. Desde 2000, um estilo de vida saudável, moda e diversidade têm sido de grande importância. É por isso que Keira Knigthley foi escolhida como a estratégia de marketing, pois é uma famosa it-girl e fashionista com o seu próprio estilo único.

## 7.4  A marca Chanel (Britt)

Chanel é uma marca muito bem conhecida e estabelecida e é hoje conhecida pelo seu estatuto de luxo. A importância crescente e o valor simbólico da marca é evidente nas análises dos quatro anúncios. No primeiro anúncio vemos como o foco está no produto, uma vez que há muita informação textual em comparação com os anúncios posteriores. Nos outros anúncios vemos uma mudança da orientação do produto para a orientação da imagem, como resultado do crescente estabelecimento da Chanel na indústria da moda[62]. Esta mudança de género é ilustrada pelo uso crescente do logótipo Chanel e da marca de celebridade, bem como por muito poucas estratégias verbais, uma vez que a marca fala por si. Em geral, os anúncios Chanel já não têm tudo a ver com o produto e as suas qualidades, mas com a pessoa que promove o produto e com o estatuto resultante da utilização de Chanel.


## 8  Branding (Marlene & Britt)

Esta última parte do livro trata das estratégias da marca, do segmento de clientes da Chanel e das mudanças ao longo do tempo. Para discutir isto, vamos aplicar as teorias mencionadas na secção anterior. Finalmente, faremos sugestões para melhorar a marca Chanel no futuro, tendo em conta a

---


[60] A Internet: http://costume.dk/article/37775/gallery/219355
[61] A Internet: http://costume.dk/article/37775/gallery/219355
[62] Frandsen, Finn. op. cit., p. 132

situação económica, o consumo verde da moda e a influência dos bloggers e fashionistas de moda.


## 8.1 Marca actual Chanel (Britt)

Como mencionado neste livro, Chanel é provavelmente a casa de moda mais famosa do mundo, e é conhecida pela maioria das pessoas, independentemente do seu interesse na moda ou falta dela. Isto mostra claramente a posição da Chanel como uma marca de luxo global. Os produtos da empresa são ambos caros, de alta qualidade e prestigiados para possuir. Não há dúvida de que Chanel pertence a essa categoria de marcas de luxo que está enraizada na história e baseada na fama do seu fundador[63]. Quando se pensa em Chanel, pensa-se automaticamente no Modernismo francês e em Coco Chanel, em parte porque a casa de moda construiu uma excelente imagem de marca nesta base.

A marca é diferente de outras igualmente, e Chanel tem-se saído bem a este respeito e, de facto, alguns argumentariam, melhor do que muitas outras casas de moda que não conseguiram tornar-se conhecidas de um público mais vasto. A estratégia de marca da Chanel centra-se nos atributos extrínsecos do conhecimento da marca, comunicação de marketing, embalagem e preço[64]. É óbvio quo o próprio nome é muito importante para a marca, tal como a embalagem é importante, quer se compre um saco caro embrulhado em papel tissue ou um saco de pó de logótipo, ou se compre um perfume num belo frasco Chanel. Como mostram os anúncios analisados, a comunicação comercial é também muito importante e a casa da moda gasta muito dinheiro e tempo com este aspecto da mistura de publicidade. A

---

[63] Ver página 12 do livro
[64] Ver página 13 do livro

publicidade é uma ferramenta de comunicação de marketing poderosa e convincente, e Chanel optou por empregar actrizes como Keira Knightley nos seus anúncios. No entanto, como a contratação de celebridades é provavelmente cara, a utilização de celebridades é uma forma comum de se marcar a si próprio. A [65]marca de celebridade em ligação com a publicidade tem sido utilizada pela Chanel há décadas. A primeira foi Marilyn Monroe em publicidade nos anos 60, seguida por uma série de actrizes e modelos. A marca das celebridades também tem sido utilizada noutras áreas das comunicações de marketing de Chanel, tais como a nomeação da musa Chanel entre as actrizes, modelos e as raparigas que aparecem em eventos Chanel e que estão vestidas com alta costura Chanel em espectáculos como os Prémios da Academia ou o Globo de Ouro.

A arquitectura da marca[66] é também importante porque indica a posição da empresa e está normalmente dividida em "casa da marca" e "casa das marcas". Argumentamos que Chanel é uma casa de marca, que é uma marca única com uma variedade de linhas de produtos. Chanel é Chanel, e o nome não muda em relação às diferentes linhas, quer seja a linha de alta costura, a linha de pronto-a-vestir, sacos ou perfumes. Tudo é Chanel. Pelo contrário, uma empresa como Prada é uma casa de marca, uma vez que é composta por várias marcas individuais como Prada e Miu Miu com imagens, valores e segmentos de consumidores distintos.

## 8.2 O segmento de consumidores de Chanel (Britt)

Como este livro demonstrou, a publicidade da Chanel mudou e, como resultado, também o segmento do consumidor. É discutível se as mudanças

---

[65] Ver página 14 do livro
[66] Ver página 13 do livro

foram para o bem ou para o mal, mas é inegável que Chanel tem sido e muito provavelmente continuará a ser uma das casas de moda de topo no mundo.

### 8.2.1 Desenvolvimento da segmentação (Britt)

Segmentação é a divisão do mercado ou consumidores em segmentos identificáveis e distintos com características comuns[67] e que é necessária para que qualquer empresa identifique os seus clientes. A segmentação é mais frequentemente realizada numa base democrática, geográfica, geodemocrática, psicográfica e comportamental. Contudo, o enfoque desta secção sobre a marca será principalmente na base psicográfica, que inclui os interesses e estilos de vida dos consumidores, e na base comportamental, ou seja, o uso e as necessidades dos consumidores[68].

A análise comparativa mostra que ao longo dos anos a publicidade tem apelado a diferentes grupos de pessoas, principalmente devido aos desenvolvimentos no segmento de consumidores de Chanel. No início da escrita do nosso livro, a consumidora Chanel era uma dona de casa de classe alta com uma atitude nobre e um desejo de ser considerada moderna com um toque francês. Com a evolução do papel da mulher na sociedade e a emergência de algumas das primeiras it-girls da indústria da moda como Marilyn Monroe e modelos como Twiggy, o segmento do consumidor deslocou-se para mulheres mais conscientes da moda. De visar exclusivamente ou pelo menos habitualmente as donas de casa e as mulheres sedentárias, houve uma tendência para incluir mulheres mais jovens, e o impacto dos modelos nos anúncios torna-se claro quando Chanel se concentra mais nas celebridades. Com o estabelecimento da fragrância Coco Mademoiselle, a segmentação dos clientes foi alargada, de modo que

---

[67] Fill, Chris. op. cit., p. 328
[68] Ibid., p. 329

as fragrâncias Chanel apelam agora tanto às raparigas como às mulheres mais maduras com os dois perfumes. Ao longo do tempo, no entanto, o segmento de clientes da Coco Mademoiselle mudou.

Chanel sempre foi uma mulher com uma certa compreensão da importância da marca Chanel e uma necessidade de um pouco de luxo.

## 8.3 As mudanças e desafios de Chanel (Marlene)

Finalmente, pode ser mencionada uma lista de possíveis desafios para Chanel no futuro. Muita coisa mudou na sociedade desde que a casa da moda foi fundada há cem anos atrás. Por esta razão, são necessários alguns aspectos novos, que devem ser tidos em conta no branding e nas iniciativas agora e no futuro.

[69]Antes de mais, e provavelmente o mais importante, é a situação económica actual. A crise financeira global afectou quase todos os sectores desde 2007, levando ao colapso de grandes instituições financeiras, à falência e ao fracasso de grandes empresas e à necessidade de pacotes de salvamento mesmo nas nações mais ricas do mundo. Isto significa que marcas bem estabelecidas tiveram de baixar as suas expectativas contabilísticas e podem ter tido de encerrar as áreas de produção. Por outro lado, deve também notar-se que a elasticidade dos preços dos artigos de luxo é geralmente menor do que a dos artigos comuns do quotidiano, como a alimentação. Isto significa que uma marca de luxo como Chanel é menos afectada pela crise do que, por exemplo, as lojas de rua como TopShop e H&M.

Outro tópico é a chamada tendência Green View. Sustentabilidade, ecologia e comércio justo são iniciativas de grande importância nesta década. O

---

[69] A Internet: http://www.globalissues.org/article/768/global-financial-crisis

comportamento dos consumidores verdes está a ser debatido e discutido mais do que nunca em todas as partes do mundo ocidental. Lojas de rua como a H&M produziram linhas feitas de algodão orgânico, e com elas marcas mais luxuosas como a Armani, bem como fábricas de automóveis que produziram carros amigos do ambiente e supermercados que oferecem filas de alimentos orgânicos. O antigo protótipo de um consumidor verde e hippie com uma atitude anti-governamental e anti-capitalista foi substituído por um consumidor verde, consciente da carreira, moderno e que se quer comportar politicamente correcto, preocupando-se com o ambiente. Isto significa que pessoas proeminentes da classe alta também estão a participar nesta tendência, uma tendência que tem sido hipotética por celebridades[70]. Mais importante ainda, muitas empresas bem conhecidas estão envolvidas em escândalos e acusações de trabalho infantil em fábricas de países do terceiro mundo.[71] Tais acusações podem causar grandes prejuízos a qualquer empresa, mesmo a uma marca como a Chanel.

Um último aspecto a considerar é a crescente utilização de blogs na Internet. Os estilistas e as casas de moda já não são julgados apenas pelos críticos de moda; hoje em dia, qualquer pessoa, seja um estudante do ensino secundário ou um jornalista famoso, pode dizer ao mundo o que pensa sobre a moda através da Internet. Estas opiniões são geralmente expressas num chamado blogue que qualquer pessoa pode criar e ler[72]. Isto significa que a popularidade dos desenhos e marcas depende não só dos meios de comunicação sob a forma de revistas de moda, mas também das opiniões dos blogueiros na Internet. E à medida que os sítios de comunicação como o Facebook e o Twitter se tornam cada vez mais populares, as pessoas são

[70] A Internet: http://www.grist.org/article/little-hollywood/
[71] A Internet: http://www.timesonline.co.uk/tol/news/world/article601109.ece
[72] A Internet: http://codex.wordpress.org/Introduction para blogging

confrontadas diariamente com opiniões sobre tudo e nada.


## 8.4  Sugestões de melhoramento (Marlene)

Em resumo, podem ser discutidas propostas para a futura estratégia de marca da Chanel. Uma estratégia poderia ser a de ter em conta os factores acima mencionados. Tendo em conta a situação económica actual, isto poderia ser feito através da criação de uma ênfase mais rentável, como muitos outros designers já fizeram, a fim de apelar a um leque mais vasto de clientes. Por outro lado, isto não reflecte a imagem de Chanel de ser Chanel, Chanel e nada mais que Chanel, e pode acabar por levar à perda de clientes regulares que apreciam o estatuto de luxo de Chanel. Outro aspecto é a tendência do consumidor verde, a sustentabilidade e o comércio justo em geral. Mais uma vez, pode-se discutir se Chanel deve tentar seguir esta tendência e mostrar algumas iniciativas verdes, por exemplo sob a forma de materiais orgânicos ou reciclados. Um contra-argumento poderia ser que isto vá contra a reputação de Chanel de utilizar apenas os melhores tecidos e materiais para as suas roupas e sacos. Finalmente, deve ser considerado o elemento dos blogues na Internet, deve Chanel limitar a sua imagem exclusiva para que a marca apareça mais disponível para todos e não apenas para a elite, talvez tornando-a mais popular nos blogues privados? Ou devem manter a sua imagem de alta classe como um símbolo de status? Esta pergunta é difícil de responder e merece uma análise exaustiva do mercado para dar uma resposta satisfatória. Uma forma de ver a situação poderia ser que a casa de moda se renovasse mostrando alguma iniciativa em uma ou mais destas áreas e tornando-se assim mais popular junto de um público mais vasto. Finalmente, outra opinião poderia ser que a Chanel deveria manter a mesma imagem e estratégia de marca que já utiliza para manter os seus clientes habituais. No entanto, a imagem de luxo de Chanel tem funcionado durante cem anos e muito provavelmente continuará a funcionar excepcionalmente bem no futuro.

## 9 Avaliação (Marlene & Britt)

Para resumir o livro, discutiremos a relevância do instrumento analítico utilizado e as teorias para determinar se eram adequadas em relação às análises. Além disso, a utilização das fontes será avaliada em termos da sua actualidade, validade e acessibilidade.

### 9.1 Críticas de fonte (Marlene)

Ao longo de todo o livro, utilizámos literatura com um certo grau de profissionalismo científico. Os livros que constituíram a base do livro são todos acessíveis na biblioteca da Aarhus School of Business e, portanto, devem ter um certo padrão de comunicação. Contudo, alguns dos livros não são recentes, mas decidimos utilizá-los de qualquer forma, uma vez que as publicações eram fontes relevantes para o nosso livro. Um possível problema com livros desactualizados é a "International Branded Communication"[74], uma vez que utilizámos as suas fases de publicidade, o que inclui apenas fases até 1987. Por esta razão, foi necessário procurarmos material alternativo para a fase actual, o que pode ser problemático uma vez que a nossa quarta fase, "mercado global", não foi inventada pelos mesmos autores que os outros. No entanto, não consideramos o problema tão grave que a teoria não seja fiável. Outro aspecto relacionado com literatura ultrapassada é o impacto maciço da Internet e da globalização, que não é considerado em todos os livros, apesar de ser muito importante no campo da marca e da publicidade.

Os sítios da Internet que seleccionámos eram também científicos, uma vez que evitávamos sítios baseados no utilizador, como a Wikipédia e outros semelhantes. Em vez disso, tentámos utilizar homepages reconhecidas ou sites escritos por especialistas nas suas respectivas áreas, tais como branding, publicidade, moda e história.

Uma vez que o livro está relacionado com a moda, era óbvio utilizar certas revistas femininas como fontes. Nas secções sobre a história da publicidade, bem como sobre a história da Chanel, utilizámos principalmente a revista dinamarquesa de moda Costume. Embora Costume seja uma revista dinamarquesa, tem um conhecimento e toque internacional através da sua participação em várias semanas de moda e das suas ligações com estilistas exclusivos, casas de moda e editores de revistas internacionais.

É difícil comparar publicações baseadas em provas científicas com uma revista mensal de moda. Poder-se-ia argumentar, no entanto, que embora o livro seja teoricamente mais forte, é mais provável que a revista seja de interesse actual. Finalmente, no que diz respeito à validade, é um facto que nas revistas de moda uma grande parte das despesas é paga pelos muitos anúncios impressos nas revistas. Isto significa que, para manter uma boa relação com as marcas de moda, as revistas devem apresentar as empresas de uma forma positiva. Por conseguinte, poderia argumentar-se que, por exemplo, o artigo sobre Chanel é apresentado de forma bastante lisonjeira do que a verdade se deve ao facto de o Traje poder ser colorido pela relação da empresa com Chanel. Por outro lado, um livro é uma obra individual de escrita académica e não tem obrigações para com uma marca ou outros investidores.


## 9.2  Crítica de teorias (Britt)

A ferramenta analítica utilizada no livro é o modelo IMK do livro "Internationale Markedskommunikation". Considerámo-lo o modelo de comunicação mais adequado disponível, pois tem em conta o género, a relação emissor-receptor e, acima de tudo, o contexto e a cultura. Foi uma grande ajuda para nós na análise da finalidade, significado e mensagens da publicidade Chanel. Era também muito prático e fácil de usar no livro. No entanto, é preciso dizer que o modelo está um pouco desactualizado, uma vez que data de 1997. Isto é algo problemático, pois não tem em conta a utilização do marketing em linha e o facto de o inglês estar a tornar-se a língua tradicional B2B e B2C[73]. No entanto, este problema não é de grande importância neste livro em particular, uma vez que trata de publicidade impressa.

Além disso, o modelo carece de uma perspectiva histórica, pelo que optámos por complementá-lo com as fases de publicidade mencionadas acima. Desta forma, consideramos o modelo satisfatório para as análises.

Relativamente às teorias da marca e da publicidade, constatamos que as teorias aplicadas nos deram uma base sólida para a análise dos anúncios e uma compreensão ampla do assunto. A teoria de Kotler sobre o quarto P, ajudou-nos a desenvolver a publicidade e o marketing em geral. Em termos de definir o luxo e determinar se Chanel é uma marca de luxo, achámos que o livro[74]*Cultura de Marca era uma* grande ajuda. Afinal, uma grande parte dos anúncios faz uso da chamada marca de celebridade, um tópico sobre o qual encontrámos uma parte relevante no livro de Svend Hollensen, *Global Marketing*[75]. Por último, mas não menos importante, escolhemos alguns dos jornais internacionais mais conhecidos, como o The New York Times e o The Times UK, a fim de obter uma visão sobre a apresentação das tendências sociais relativas à situação económica e ao comportamento dos consumidores.

---

B2B: De empresa para empresa
B2C: Empresa-a-consumidor
[73] Ver lista de referência, p. 55
[74] Ver lista de referência, p. 55

## 10 Conclusão (Marlene & Britt)

A afirmação de que "Chanel sabe o que as mulheres querem mesmo antes de elas próprias o saberem" pode ser uma indicação de quão forte é e sempre foi a marca Chanel. No entanto, isto não significa que Chanel se tenha aplicado da mesma forma ao longo do século passado.

O facto é que as estratégias de branding da Chanel mudaram em muitos aspectos para acompanhar a evolução da publicidade e as mudanças na sociedade. Como mostram as quatro análises, as estratégias retóricas passam de uma orientação muito mais verbal para uma orientação completamente não verbal, centrando-se nos elementos visuais da publicidade. Isto também significa uma mudança da orientação do produto para a orientação da imagem, porque a marca Chanel é menos o produto real e as suas necessidades básicas, mas sim o luxo e o estatuto que se segue. A mudança de orientação também afecta a escolha de modelos, o que se torna particularmente claro quando se compara o anúncio dos anos 30 com uma dona de casa chique com o anúncio dos anos 60 com a actriz provocadora Marilyn Monroe. Além disso, uma comparação do anúncio de Marilyn com o de 2007 mostra também uma mudança notável em termos de tipos de corpo ideais. Enquanto Marilyn é curvada e sedutora, Keira é magra, infantil e, ao mesmo tempo, muito mais vulnerável.

As marcas que compreenderem onde residem as expectativas mais fortes serão as marcas que sobreviverem. Chanel conseguiu satisfazer as necessidades dos seus clientes, satisfazendo as suas expectativas de utilizar apenas os melhores materiais nos seus produtos e mantendo uma qualidade de luxo. Mas como qualquer outra empresa, existem obstáculos, dependendo das mudanças na sociedade envolvente. Questões como a crise financeira, o consumismo verde e a influência dos bloggers são aspectos importantes a considerar no contexto das estratégias de marca actuais e futuras. No entanto, como mostra a discussão, é pouco provável que a Chanel se adapte muito a estes aspectos, uma vez que a marca Chanel é cara e não se baseia num sublinhado mais barato, uma vez que Chanel é tecidos exclusivos e não materiais orgânicos ou reciclados, e acima de tudo, Chanel é luxuosa e prestigiosa. Por esta razão, não consideramos necessário que Chanel faça quaisquer mudanças drásticas, excepto as que seguem a evolução do tempo.

A mudança na publicidade e nas estratégias de marca deve-se naturalmente ao desenvolvimento do segmento de clientes Chanel. Com a introdução da Coco Mademoiselle, a típica cliente Chanel experimentou uma mudança de donas de casa de classe alta para um grupo alvo mais amplo que inclui mulheres jovens e raparigas da moda.

Finalmente, é importante lembrar que este livro é baseado em publicidade a perfumes. Por esta razão, os resultados da nossa análise e o segmento de consumidores discutidos estão concentrados principalmente nas fragrâncias, e não noutras linhas de produtos Chanel. A análise de tais fragrâncias pode ter levado a resultados diferentes dos das fragrâncias Chanel.

## 11 Lista de referências

### 11.1 Livros

Encha-o, Chris. (2005). *Comunicação de Marketing.* Inglaterra: Prentice Hall

Frandsen, Finn. (2005). *Comunicação internacional da marca num contexto pós-moderno.* Arhus: Académica

Hackley, Chris. (2005). *Publicidade e promoção - comunicação de marcas.*

Londres: Publicações da Sage

Hollensen, Svend. (2007). *Marketing Global.* Inglaterra: Pearson Education Limited

Kotler, Philip. (1999). *Kotler om marketing.* Dinamarca: Borsen

Schroeder, Jonathan E. (2006). *Cultura de marca.* Nova Iorque: Rotina.

Tungate, Mark. (2008). *Marcas da moda: Estilo de branding de Armani a Zara.* Página Kogan


## 11.2 Periódicos

Schou, Carina Norgaard. *C de Chanel.* Fantasia 86 (Junho de 2009)

Vido, Marie. *Hvordan var det lige, vibegyndte?* Fantasia 96 (Maio 2010)

Vogue Abril de 2009


## 11.3 Sítios Web

Canal 5: http://www.chaneln5.com/en-us/#/world/the-story (24 de Março de 2010)

O Museu Metropolitano de Arte: http://www.metmuseum.org/toah/hd/chnl/hd chnl.htm (15 de Março de 2010)

Universidade de Heidelberg: http://www.rzuser.uni-heidelberg.de/~el6/presentations/pressec2hoa/19th e 20 werbung.htm (11 de Abril de 2010)

Pincas, Stéphane & Loiseau, (2006). Marc. *Uma história de publicidade.* Paris: Papel do Árctico:

http://www.taschen.com/pages/en/catalogue/design/all/05040/facts.a História da publicidade.htm (11 de Abril de 2010)

Idade do anúncio: http://adage.com/century/timeline/index.html (11 de Abril de 2010)

Trendwatching: http://trendwatching.com/briefing/ (11 de Abril de 2010)

Insiders da estratégia da marca: http://www.brandingstrategyinsider.com/2009/10/10-branding-and-marketing-trends-for-2010.html (11 de Abril de 2010)

Carole Bouquet: http://www.carolebouquet.net/ (30 de Março de 2010)

Políticas: http://politiken.dk/erhverv/article173135.ece (13 de Abril de 2010)

Traje: http://costume.dk/article/37775/gallery/219355 (20 de Abril de 2010)

New York Times: http://www.nytimes.com/2007/07/01/fashion/01green.html?pagewanted=all (26. Abril 2010)

Grist: http://www.grist.org/article/little-hollywood/ (26 de Abril de 2010)

The Times: http://www.timesonline.co.uk/tol/news/world/article601109.ece (26 de Abril de 2010)

Word Press: http://codex.wordpress.org/Introduction para Blogging (26. Abril 2010)

## 12 Apêndice 1

## 13 Anexo 2

## 14 Anexo 3

## 15 Anexo 4

## 16 Anexo 5

# Conteúdo

# I want morebooks!

Buy your books fast and straightforward online - at one of world's fastest growing online book stores! Environmentally sound due to Print-on-Demand technologies.

Buy your books online at
**www.morebooks.shop**

Compre os seus livros mais rápido e diretamente na internet, em uma das livrarias on-line com o maior crescimento no mundo! Produção que protege o meio ambiente através das tecnologias de impressão sob demanda.

Compre os seus livros on-line em
**www.morebooks.shop**

KS OmniScriptum Publishing
Brivibas gatve 197
LV-1039 Riga, Latvia
Telefax: +371 686 204 55

info@omniscriptum.com
www.omniscriptum.com

Printed by Books on Demand GmbH, Norderstedt / Germany